Stand und Trends betrieblicher Anwendungssysteme

Bibliografische Information der Deutschen Nationalbibliothek:

Die Deutsche Nationalbibliothek verzeichnet diese Publikation in der Deutschen Nationalbibliografie; detaillierte bibliografische Daten sind im Internet über http://dnb.d-nb.de abrufbar.

ISBN: 9783346955456
Dieses Buch ist auch als E-Book erhältlich.

Druck und Bindung: Books on Demand GmbH, Norderstedt Germany
Gedruckt auf säurefreiem Papier aus verantwortungsvollen Quellen

Das vorliegende Werk wurde sorgfältig erarbeitet. Dennoch übernehmen Autoren und Verlag für die Richtigkeit von Angaben, Hinweisen, Links und Ratschlägen sowie eventuelle Druckfehler keine Haftung.

Das Buch bei GRIN: https://www.grin.com/document/1405091

Studiengang: Wirtschaftsinformatik (Bachelor)

Stand und Trends betrieblicher Anwendungssysteme

Assignment im Rahmen des Moduls Geschäftsprozesse und Anwendungssysteme (ANS40)

Datum: 23.10.2022

Inhaltsverzeichnis

Abbildungsverzeichnis

1 Einleitung

Spätestens die im Jahr 2020 aufkommende Corona-Pandemie macht die Digitalisierung in vielen Firmen notwendig. Denn insbesondere zu Zeiten der Lockdowns war der Dialog mit Kunden nur noch online möglich. Daraus resultiert bis heute in ein enormer Bedarf an Neuentwicklung von Differenzierungskompetenzen am Digitalmarkt. Cloud-Lösungen gewinnen aufgrund deren vereinfachten Nutzung und Installation an Bedeutung.

Ziel dieser Arbeit ist es, den aktuellen Stand sowie Trends betrieblicher Anwendungssysteme darzustellen. Dabei wird diskutiert, ob die starke Entwicklung branchenspezifischer Strukturen zur Überwindung der „Softwarekrise" beiträgt.

Am Beispiel der neuen CRM-Cloudlösung des Unternehmens Salesforce wird überprüft, welche Trends erfolgreich im B2B-Bereich eingesetzt wurden, um die Differenzierungskompetenzen der Dienstleistungsunternehmen weiterzuentwickeln. Der Schwerpunkt liegt dabei auf Kundendialog- und Interaktion.

Hierfür werden zunächst die Grundbegriffe (Kapitel 2) definiert und erläutert. Das darauffolgende Kapitel erläutert alle bekannten Trends der betrieblichen Anwendungssysteme (Kapitel 3). Anhand eines Praxisbeispiels wird im nächsten Kapitel (Kapitel 4) erklärt, welche Trends der betrüblichen Anwendungssysteme im B2B Bereich bei einem Dienstleistungsunternehmen bereits umgesetzt wurden. Der Fokus liegt dabei auf den Ersteinsatz eines CRM-Systems, welches die Abteilungen Marketing, Vertrieb und Service zusammen verbindet. Die Arbeit endet mit einem Fazit und einer kritischen Würdigung (Kapitel 5).

2 Grundlagen betrieblicher Anwendungssysteme

Ziel dieses Kapitels ist es, die Grundlagen der betrieblichen Anwendungssysteme zu erläutern und deren Zusammenhang mit der Softwarekrise zu erklären. Dafür wird zunächst der Begriff der betrieblichen Anwendungssysteme eingeführt (siehe: Kapitel 2.1) und anhand des ARIS-Modells veranschaulich gemacht. Im Anschluss wird das Phänomen der „Softwarekrise" vorgestellt und dessen Auswirkung auf die Unternehmensrealität und entsprechend auch auf die Auswahl der Anwendungssysteme betrachtet (Kapitel 2.2).

2.1 Definition

Unter dem Begriff „betriebliche Anwendungssysteme" versteht man branchenneutrale bzw. branchenspezifische Standardsoftwaresysteme sowie eigenentwickelte Anwendungssysteme. Als Bestandteile der sogenannte „Informationspyramide einer Unternehmung" nach Scheer (siehe: Abbildung 1, S. 2) werden sie auch zu Informationssystemen oder Enterprise Ressource Planing zusammengefasst.[1]

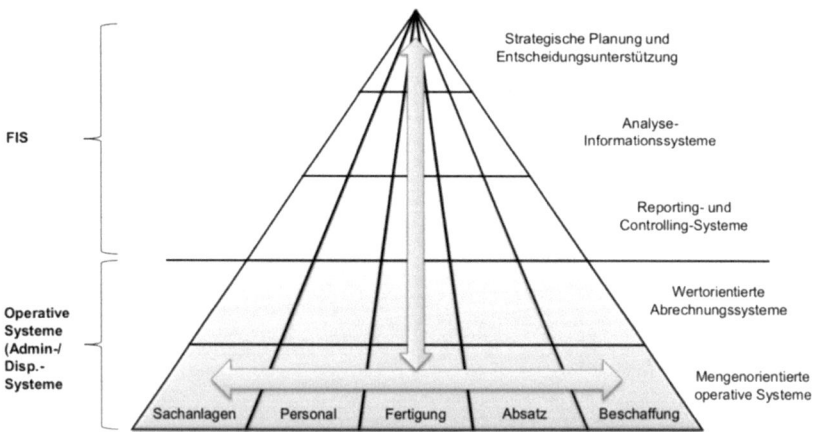

Abbildung 1: Informationspyramide einer Unternehmung[2]

---

[1] Vgl. Mertens, 2013, S. 19
[2] Scheer, 1998, S. 34

Die Pyramide gibt zwei möglichen Integrationsrichtungen vor: horizontal und vertikal. Die erste Art der Integration bezieht sich überwiegend auf die Verbindung einzelner Teilsysteme in einer betrieblichen Wertschöpfungskette. Die vertikale Integration hingegen stellt die Datenversorgung der PuK-Systeme aus den operativen Systemen heraus dar (siehe: Abbildung 2, S. 3).[3]

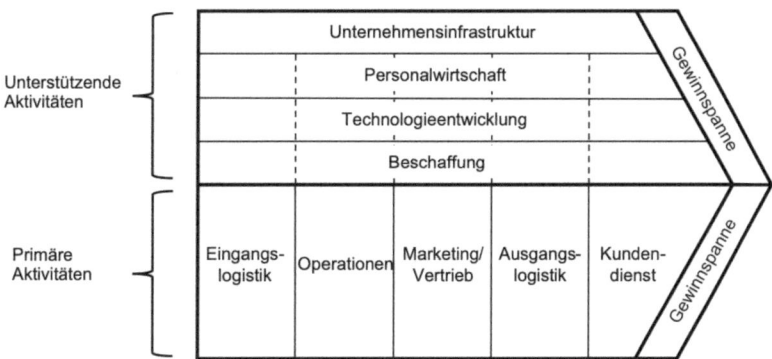

Abbildung 2: Wertschöpfungskette nach Porter[4]

Der Begriff der geschäftlichen Anwendungssysteme bringt einerseits den Konzept-, andererseits den Softwaregedanken mit sich. August-Wilhelm Scheer hat neben der Informationspyramide auch ein essenzielles Rahmenwerk zur Beschreibung von Unternehmen und betriebswirtschaftlichen Anwendungssystemen entworfen (ARIS). Um eine Architektur mit ARIS herstellen zu können, werden zunächst wesentliche Merkmale zur Beschreibung von Kern-Geschäfts-, Unterstützungs- und Führungsprozessen gesammelt.[5]

Der zentrale Ansatz der Geschäftsmodellierung nach Scheer wird als „ARIS-Haus" bezeichnet (siehe: Abbildung 3, S. 4). Der Ausgangspunkt ist eine „Betriebswirtschaftliche Problemstellung". Daraus ergeben sich dreizehn Komponenten. Pro Komponente wird eine passende Modellierungsmethode ausgewählt, die alle organisatorischen Aspekte korrekt darstellt.[6]

---

[3] Vgl. Obermaier, 2019, S. 51
[4] Porter, 1992, S. 62
[5] Vgl. Seidlmeier, 2019, S. 18
[6] Vgl. Ebd. S. 29

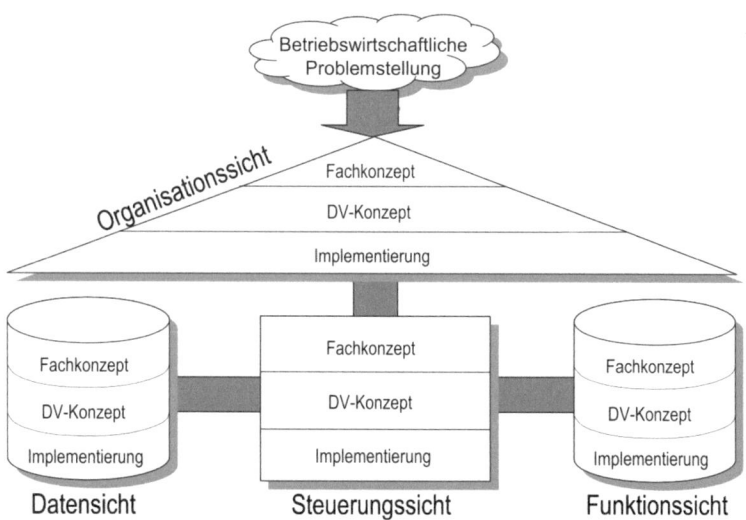

Abbildung 3: ARIS-Haus[7]

Je höher der IT-Einsatz bei der Entstehung und Durchführung von Geschäftsprozessen, desto eher spricht man von einer Überführung von zahlreichen Projektmanagementaufgaben in die Anwendungsentwicklung. Eine der Konsequenzen ist in der Geschichte unter „Softwarekrise" bekannt (siehe: Kapitel 2.2).

2.2 Softwarekrise

Mit dem Entstehen des Rechners als Arbeitsmittel in Großbetrieben wurde auch über Rechnerarchitekturen nachgedacht. Die primäre Aufgabe des IT-Managements in den 1950er war es den Betrieb des Großrechners aufrechtzuerhalten. Schritt für Schritt wurden dann Rechner immer häufiger in Bereichen wie MRP (Material Requirements Planing) und ERP (Enterprise Ressource Planing) eingesetzt. Dies hat in den 1960er dazu geführt, dass die Kosten für Software die von Hardware überstiegen. Dieses Phänomen ist unter der sog. „Softwarekrise" bekannt.[8]

Die erste Erwähnung dieser Krise und deren Verbindung mit den Problemen der damaligen „Programmierern" findet in der Rede namens „The humble programmer"[9] von Edsgar W. Dijkstra

---

[7] Seidlmeier, 2019, S. 30
[8] Vgl. Urbach, 2016, S. 23
[9] Übersetzt ins Deutsche: Der bescheidene Programmierer.

4

statt. Diese Rede markiert zusammen mit der Karriere des oben genannten Autors auch den Anfang der Softwareprogrammierung als Beruf. Als Ziele der Einführung der Softwareprogrammierung definiert man die Reduktion der Kosten (durch Verringerung der in Anspruch genommenen Zeit) und die Steigung der Effizienz/Qualität der Software.[10]

Daraufhin haben sich Akademiker, Entwickler und Unternehmer mit der Antwort folgender Fragen beschäftigt:

- Was ist ein guter Prozess für den Aufbau einer Lösung zu einem Problem, das bis dahin noch keine bekannte Lösung besessen hat?
- Wenn Software so viele verschiedene Dinge auf einmal erledigen kann, wie kann man dann wissen, dass Software auch „funktioniert"?
- Wie kann man Fortschritte machen, wenn niemand im Team jeden Teil des Programms versteht?
- Wenn Menschen ein Projekt verlassen, wie wird dann sichergestellt, dass ihr Ersatz über das gesamte Wissen verfügt, das sie hatten?
- Wenn niemand jeden Teil des Programms versteht, wie werden dann Fehler diagnostiziert?
- Wenn Menschen parallel arbeiten, wie wird es verhindert, dass sie sich gegenseitig stören?
- Wenn es bei der Softwareentwicklung um mehr als nur um Programmierung geht, welche Fähigkeiten muss ein guter Programmierer haben?
- Welche Arten von Tools und Sprachen können die Arbeit eines Programmierers beschleunigen und ihm helfen, Fehler zu vermeiden?[11]

In der heutigen Zeit existieren vier Arten von Rechenarchitekturen (siehe: Kapitel 3, S. 6). Mit deren Hilfe wird das Fundament verschiedener Anwendungssysteme, wie z.B. ERP oder CRM, gestaltet. Diese sogenannten Standardlösungen bieten seit einigen Jahrzehnten eine sehr umfangreiche Palette an User-Experiences und Schnittstellen und müssen dazu auch nur einmal implementiert werden. Solche Arten von Applikationen sind als ein Ausweg aus der Softwarekrise zu sehen. Im nächsten Kapitel wird ausführlich beschrieben, welche Arten von Anwendungssystemen existieren und wie diese funktionieren.

---

[10] Vgl. https://www.cs.utexas.edu/~EWD/transcriptions/EWD03xx/EWD340.html (zuletzt zugegriffen am 23.10.22)
[11] Vgl. https://www.embedded-software-engineering.de/raus-aus-der-software-krise-50-jahre-software-engineering-a-765527/ (zuletzt zugegriffen am 23.10.22)

3 Stand und Trends betrieblicher Anwendungssysteme

Ziel dieses Kapitels ist es aufzuzeigen, mit welchen Trends moderne Anwendungssysteme aufgebaut werden und weshalb diese eine zentrale Rolle in modernen Standardsoftware spielen. Die aktuellen Trends betrieblicher Anwendungssysteme, auf welche in dieser Arbeit eingegangen wird, lauten:

- Monolithische Anwendungssysteme (siehe: Kapitel 3.1),
- Client-Server-Architektur, EAI und SOA (siehe: Kapitel 3.2),
- Cloud Computing (siehe: Kapitel 3.3),
- Microserverarchitektur (siehe: Kapitel 3.4).

Im Anschluss daran (siehe: Kapitel 4, S. 10) wird im Rahmen eines Praxisbeispiels die Einführung eines CRM-Systems für ein mittelständisches Dienstleistungsunternehmen Schritt für Schritt verfolgt.

3.1 Monolithische Anwendungssysteme

Eine monolithische Struktur bildet eine untrennbare Einheit. Monolithische Systeme folgen klassischerweise keiner allgemeinbekannten Gliederung und sind häufig stark an Hardware oder bestimme Datenformate gebunden. Beispiele für monolithische Anwendungssysteme sind ältere Mainframe- oder DOS-Programme.[12]

3.2 Client-Server-Architektur, SOA und EAI

Die Client-Server-Architektur beschreibt ein Architekturprinzip, bei dem einer oder mehrere zentrale Rechner (oder Server) mehreren Clients zur Verfügung stehen. Dabei werden Programme auf den Clients installiert, die bestimmte Dienste bei den Rechnern erfragen und darauf eine Antwort erhalten (siehe: Abbildung 4, S. 7). Ein Client-Rechner ist auch alleinstehend arbeitsfähig. Der Leitgedanke von Client-Server-Architekturen besteht unter anderem darin, einerseits mehrfach verwendbare Dienste zu identifizieren, andererseits diese im Netz mit Hilfe von Application Programming Interfaces (API) für die User zur Verfügung zu stellen.[13]

---

[12] Vgl. https://www.itwissen.info/Monolithische-Software-Architektur.html (zuletzt zugegriffen am 23.10.22)
[13] Vgl. Niemann, 1995, S. 9

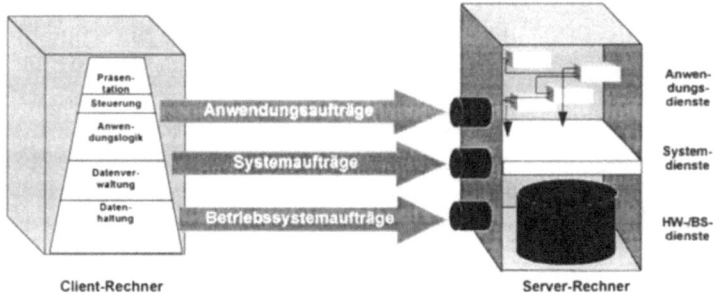

Abbildung 4: Client-Server-Architektur[14]

Serviceorientierte Architektur (SOA) ist ein Architekturmuster, mithilfe dessen man eine Anwendungslandschaft baut. Diese Landschaft besteht aus einzelnen Bausteinen, die jeweils für eine Aufgabe zuständig sind. Die Komponenten sind lose miteinander gekoppelt. Der Primäraustausch erfolgt darin, dass sie sich gegenseitig ihre Funktionalitäten in Form von Services anbieten.[15] Der Einsatz von SOA ermöglicht die Wiederverwendung von Applikationen innerhalb eines Unternehmens. Dies spart Zeit und gleichzeitig Geld, da die ansonsten teure Implementierung nur einmalig gemacht werden muss und der Administrativaufwand für die Anwendungslandschaft sehr gering ist. Oft deckt eine Landschaft mehrere Kernanwendungen ab und stellt diese den Clients im gesamten Unternehmen zur Verfügung. Ohne SOA würde an dieser Stelle eine einzelne Applikation stehen, die auf jedem Client extra installiert werden soll. (siehe: Abbildung 5, S. 8).[16] Integrierte ERP-Systeme wie SAP basieren auf SOA-Architekturen.[17]

---

[14] Niemann, 1995. S. 10
[15] Vgl. Richter, 2005, S. 413 f.
[16] Vgl. Ebd., S. 416
[17] Vgl. Glöckle, 2014, S. 12

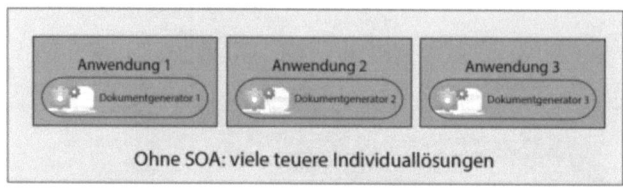

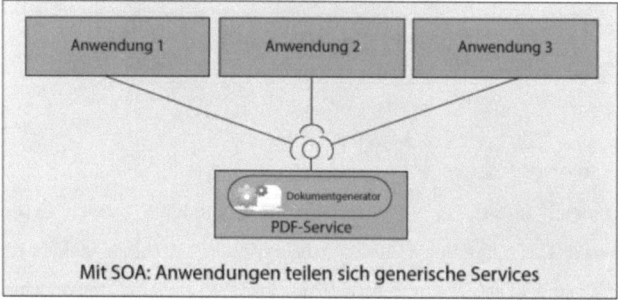

Abbildung 5: Enterpreis Applikationen mit und ohne SOA[18]

Enterprise Application Integration (EAI) hat Ähnlichkeiten mit SOA insofern, dass EAI auch Applikationen auf Enterprise-Niveau zur Verfügung stellt. Der Unterschied liegt darin, dass die einzelnen Services nicht lose gekoppelt sind, sondern deren Abhängigkeiten zueinander aufgenommen und implementiert werden. So kann man z.B. mithilfe einer bereits etablierten EAI einen Artikel aus einer Datenbank einmalig löschen und danach erwarten, dass die damit verbundene Internetseite diesen Artikel nicht mehr anzeigt.[19]

3.3 Cloud Computing

Das Gebiet des Cloud Computing verfügt über die Funktionalität einer serviceorientierten Architektur, wird aber von der bis dahin bekannten stationären LAN-Umgebung abgekoppelt. Cloud-Dienste bieten den Usern die Möglichkeit an, auf Dienste überall und mit jedem Gerät zuzugreifen (siehe: Abbildung 6, S. 9). Sobald man mit dem eigenen Client eine Internet-Verbindung hat, können Online-Dienste benutzt werden. Die Dienste an sich variieren sehr stark in ihrem Umfang. Ein Beispiel dafür ist Kindle, das Online-Portal für Bücher von Amazon.[20]

---

[18] https://www.computerwoche.de/a/soa-richtig-verstehen-und-verwenden,3070966 (zuletzt zugegriffen am 23.10.22)
[19] Vgl. Glöckle, 2014, S. 10 f.
[20] Vgl. Chatfield, 2013, S. 164

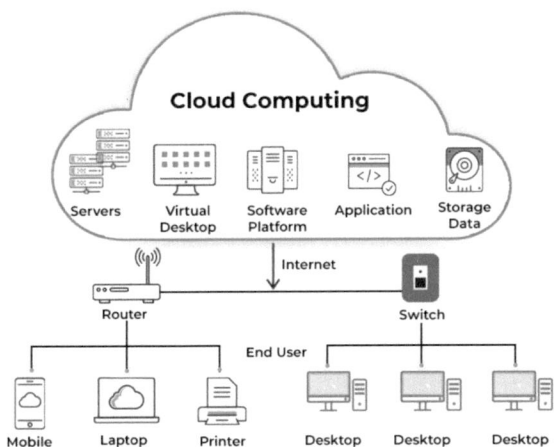

Abbildung 6: Cloud Computing Architektur[21]

Als technische Grundlage für Cloud Computing gilt die Virtualisierung. Dabei werden Hardware-Ressourcen (z.b. Server in einem Rechenzentrum) in logische Einheiten gegliedert. Die Cloud ist durch ihre Aufteilung in virtuellen Maschinen stets mehrmandantenfähig. Die bereits genannte logische Aufteilung des Volumens der Maschinen dient dazu immer wieder mehr oder weniger Speicher in Anspruch nehmen zu können. Dazu kommt auch die Tatsache, dass einzelne Nutzer nicht Daten von anderen einsehen können. Dienste im Internet sind außerdem beliebig skalierbar.[22]

3.4 Microservicearchitekturen

In der IT bildet ein Microservice eine Teilfunktion einer Applikation ab. Die Teilfunktion ist fachlich und technisch fokussiert und verfügt über einen eigenen Ausführungscontainer. Die Schnittstelle für den Zugriff auf diese Teilfunktion kann synchron oder asynchron sein. Verglichen mit anderen Architekturen, sind Microservices einfacher zu skalieren, was viele Vorteile bietet. Dadurch, dass einzelne Teilfunktionen unabhängig voneinander laufen können, werden diese auch oft unabhängig voneinander oder sogar parallel entwickelt. Als Beispiel dienen die neu entwickelten Konzepte von DevOps.[23]

---

[21] https://www.spiceworks.com/tech/cloud/articles/what-is-cloud-computing/ (zuletzt zugegriffen am 23.10.22)
[22] Vgl. Kroschwald, 2016, S. 7 ff.
[23] Vgl. Tremp, 2021, S. 64

4 Praxisbeispiel: Implementierung eines CRM-Systems

Ziel dieses Kapitels ist es aufzuzeichnen, welche Schritte ein mittelständisches Unternehmen aus der Dienstleistungsbranche[24] vornehmen muss, um ein CRM-System erfolgreich zu implementieren und dieses innerhalb der Abteilungen Marketing, Vertrieb sowie den einzelnen Fachbereichen (repräsentativ für die angebotene Dienstleistungen) zu nutzen.

4.1 Warum Customer-Relationship-Management

Im Falle eines Dienstleistungsunternehmens ist das Kerngeschäft das Angebot und die Vermarktung eines oder mehrerer Services (oder Produkte). Eine systematische Bewertung von Kunden unter Berücksichtigung des Kundenwertes ist daher erwünscht und bevorzugt, auch ohne Schnittstellen zu anderen Bereichen des Unternehmens.

Nutzen von einem CRM sind:

- Marketing und Vertrieb werden optimiert (u.a. Ausrichtung, Vertriebskanäle und Produktpositionierung),
- die profitablen Kunden werden leichter identifiziert,
- Ausrichtung von Kundenakquisitions- und Bindungsmaßnahmen kann systematisch durchgeführt werden,
- Durch Cross Selling und Up Selling kann der Umsatz von existierenden Kunden steigen,
- Kundenbindung und Loyalität steigen.[25]

Es ist im Sinne jedes Dienstleistungsunternehmens, dass die angebotene Leistung von jedem einzelnen Kunden möglichst lange bezogen wird. Je länger die Geschäftsbeziehung anhält, desto bedeutender wird diese Beziehung für den Anbieter. Um die Loyalität jedes Kunden stets im Blick zu behalten, werden CRM-Lösungen eingesetzt.[26]

---

[24] Diese Unternehmensgröße wurde bewusst gewählt. Kleine Unternehmen können oft keine CRM-Lösung implementieren (auf Grund fehlender Ressourcen) und Großunternehmen nutzen CRM-Systeme sehr häufig als Teilsysteme einer ERP-Lösung.
[25] Vgl. Schawel, 2018, S. 89
[26] Vgl. Schwalder, 2013, S. 8

4.2 Voraussetzungen und Anforderungen

Seit dem Jahr 2000 existiert ein umfassendes Customer-Relationship-Management-Konzept unterstützt von CRM-Software verschiedener Anbieter. Voraussetzung für den Einsatz eines solchen Systems ist vor allem der Fokus auf Kundengewinnung aber auch Kundenbindung. Eine der zentralen Messgrößen des CRMs ist die jeweilige Profitabilität der Kundenbeziehung, die sowohl den Kundenwahl als auch den nötigen Einsatz von Ressourcen im gesamten Unternehmen prägt.[27]

Es gibt viele CRM-Systeme auf dem Markt. Eine der berühmtesten CRM-Lösungen stammt aus dem Unternehmen Salesforce und trägt den Namen Salesforce Sales Cloud (siehe: Abbildung 7, S. 11). Oft tendiert man bei fortgeschrittenen Startups und mittelständischen Unternehmen dazu, Salesforce-Consultants direkt zu engagieren, ohne weitere Recherchen zu betreiben. Inzwischen existieren Internet-Seiten, die bekannte Lösungen (Monday Sales CRM, zendesk, thryv) testen und Empfehlungen aussprechen.[28]

Nach einem umfangreichen Vergleich entscheidet sich das Unternehmen für die Implementierung von Sales Cloud, ein Produkt von Salesforce[29].

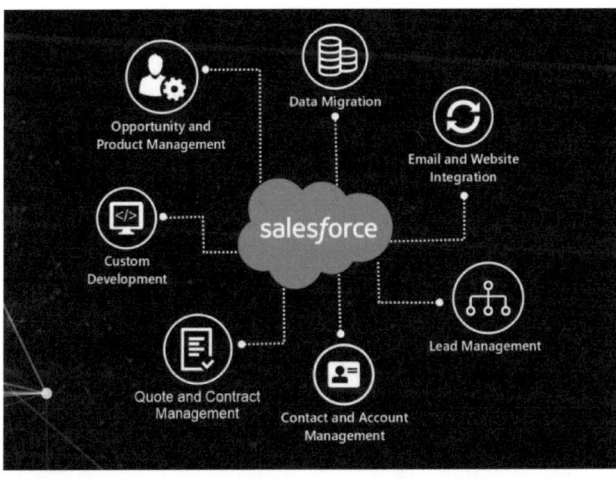

Abbildung 7: Salesforce Sales Cloud Services[30]

---

[27] Vgl. Schawalder 2013, S. 7
[28] Zum Beispiel: https://top5-crm.com/ (zuletzt zugegriffen am 23.10.22)
[29] https://www.salesforce.com/de/campaign/sem/sales-cloud (zuletzt zugegriffen am 23.10.22)
[30] https://techilaservices.com/salesforce-sales-cloud/ (zuletzt zugegriffen am 23.10.22)

4.3 Begründung der Wahl und Implementierung

Salesforce ist ein Unternehmen, dessen CRM-Lösung die am meist genutzte Applikation im CRM-bereich in Deutschland ist. Aufgrund dessen haben viele Vertriebsmitarbeitende bereits mehrjährige einschlägige Erfahrung damit gesammelt und können nicht ohne Weiteres auf ein neues System umgeschult werden. Da die Implementierung von CRM-Lösungen an sich schon ein ziemlich kostspieliges Projekt ist, entscheidet sich das Dienstleistungsunternehmen, um welches es in dieser Arbeit geht, für die Sales Cloud.

Die Implementierung kann erst nach einem Workshop beginnen. Ziel des Workshops ist es, möglichst viele Kundenanforderungen zu sammeln. Das Ergebnis der Implementierung: das Produkt soll dazu dienen die Produktivität der Vertriebsmitarbeitenden zu steigern.

Funktionen der Sales Cloud, die dazu dienen sollen, die Vertriebsprozesse zu optimieren:

- Kontaktmanagement
- Opportunity-Management
- Lead-Management
- Marketingautomatisierung

Die Etablierung einer Schnittstelle zu einem Mailing-Client (wie z.B. Microsoft Outlook) soll zusätzlich den Vertrieb erleichtern. Die Nutzung solcher Schnittstellen ermöglichen die automatische Übertragung von Informationen und verringert dadurch die Tippfehler.[31]

Die Implementierung findet außerhalb des Unternehmens statt. Nach dem Workshop brauchen zwei Salesforce-Consultants drei Personentage Vorlauf für die Planung und sieben Werktage für die Implementierung zusammen mit dem Testen des Systems. Es arbeiten insgesamt zwölf der fünfzig Mitarbeitende des Unternehmens damit.

Künftig ist es erwünscht, dass die CRM-Lösung überall angebunden und Teil eines größeren ERP-System wird. Die ERP-Lösung ist allerdings teil eines anderen Projektes, welches erst im Jahr 2024 stattfinden soll.

---

[31] Siehe dazu auch: https://mindsquare.de/knowhow/sales-cloud/ (zuletzt zugegriffen am 23.10.22)

5 Zusammenfassung und kritische Würdigung

Ziel dieser Arbeit war es, den aktuellen Stand sowie Trends betrieblicher Anwendungssysteme darzustellen. Dabei wurde diskutiert, ob die starke Entwicklung branchenspezifischer Strukturen zur Überwindung der „Softwarekrise" beiträgt.

Dazu wurden im Kapitel 2 zunächst die Grundbegriffe erklärt. Kapitel 3 hat sich mit dem Stand und Trends betrieblicher Anwendungssysteme beschäftigt. Es wurde dabei analysiert, welche Lösungen am Markt bereits etabliert sind, welche neu und welche nicht mehr implementiert werden.

Zusammenfassend lässt sich festhalten, dass die Einführung des Programmierens als Beruf eine der Lösungen war, um die Softwarekrise zu überwinden. Der nächste logische Schritt ist die Etablierung von Standardsoftware, wie z.B. ERP- oder CRM-Systeme.

Kritisch ist zu betrachten, dass, aufgrund der extern erbrachten Leistung im praktischen Beispiel, zu wenig Information über das CRM-System im Allgemeinen geliefert wurde. Eine tiefere Recherche oder Eigenimplementierung würde wahrscheinlich bessere Erkenntnisse und dadurch (aus der Sicht der IT) auch bessere Ergebnisse erzielen.

Literaturverzeichnis

Chattfield, T. (2013): 50 Schlüsselideen Digitale Kultur, Berlin

Dijkstra, E. (1972): The humble programmer, in: Communications of the ACM 10, Band 15

Glöckle et al. (2014): IT- Integration und Migration, in: HMD 44, Wiesbaden

Kroschwald, S. (2016): Informationelle Selbstbestimmung in der Cloud, Wiesbaden

Mertens, P. (2013): Integrierte Informationsbearbeitung 1, 18. Auflage, Wiesbaden

Niemann. K. (1995): Charakteristika von Client/Server-Architekturen, in: Fedtke (Hrsg.), Client/Server Architektur. Zielgetriebenes Business Computing, Wiesbaden

Obermaier, R. (Hrsg.) (2019): Handbuch Industrie 4.0 und Digitale Transformation, Wiesbaden

Porter, M. (1992): Wettbewerbsvorteile, Frankfurt am Main

Richter, J.-P. et al (2005): Serviceorientierte Architektur, in: Informatik Spektrum 17, Hamburg

Schwalder, M. et al. (2013): Industrielle Services strategisch optimieren, Berlin

Schawel, C. et al. (2018): Top 100 Management Tools, Wiesbaden

Seidlmeier, H. (2019): Prozessmodelierung mit ARIS, 5. Auflage, Wiesbaden

Tremp, H. (2021): Architekturen Verteilter Softwaresysteme, Wiesbaden

Urbach, N. (2016): IT-Management im Zeitalter der Digitalisierung, Berlin